Marginales 165

Nuevos textos sagrados
Colección dirigida por
Antoni Marí

Libros de Luis García Montero
en Tusquets Editores

MARGINALES
(*Nuevos textos sagrados*)
Completamente viernes
La intimidad de la serpiente
Poesía (1980-2005)

MARGINALES
Gigante y extraño. Las rimas de Bécquer
Los dueños del vacío

FÁBULA
La Celestina
Versión teatral de Luis García Montero
Poesía (1980-2005)

Luis García Montero

COMPLETAMENTE VIERNES

(1994-1997)

1.ª edición: febrero de 1998
15.ª edición: julio de 2024

© Luis García Montero, 1998

Diseño de la colección: Clotet-Tusquets
Diseño de la cubierta: BM
Reservados todos los derechos de esta edición para
Tusquets Editores, S.A. - Avda. Diagonal, 662-664 - 08034 Barcelona
www.tusquetseditores.com
ISB: 978-84-8310-565-8
Depósito legal: B. 41.341-2010
Impresión y encuadernación: Limpergraf, S.L.
Impreso en España - Printed in Spain

Queda rigurosamente prohibida cualquier forma de reproducción, distribución,
comunicación pública o transformación total o parcial de esta obra sin el permiso
escrito de los titulares de los derechos de explotación

ÍNDICE

I. LOS DÍAS

Hombre de lunes con secreto, *15*
Confesiones, *19*
Da vergüenza decirlo, *21*
Tú que todo lo sabes, *25*
Pasear contigo, *27*
La ciudad de agosto, *29*
Dudosa geografía urbana, *31*
Cartas, *35*
Martes y letras, *37*
La ausencia es una forma del invierno, *39*
Resumen, *41*
Canción India, *43*
Miércoles. Día del espectador, *45*
Casa en rebeldía, *47*
Poética, *49*
Impertinencias, *51*
Les pido que me mientan, *53*
Merece la pena (Un jueves telefónico), *55*
Canción víbora, *57*
Completamente viernes, *59*

Principios y sentimientos, *61*
Problemas de geografía personal, *63*
Crimen en la noche de un sábado, *65*
Cabo Sounion, *67*
Canción imposible, *69*
Fin de año, *71*
Disciplina secreta, *73*
Pronósticos en una mañana de domingo, *75*

II. LAS PALABRAS

El amor, *79*
La ciudad, *81*
El coche, *85*
La crueldad, *89*
El deseo, *91*
La esperanza, *93*
La inmortalidad, *95*
La muerte, *99*
El mundo, *105*
La noche, *109*
El pasado, *111*
La poesía, *113*
La política, *115*
La realidad, *119*
La vejez, *121*

AGRADECIMIENTOS, *125*

A Almudena

Empecemos diciéndonos para nuestro fuero interno, y convenciéndonos bien, que no tenemos nada que hacer en este mundo, sino procurarnos sensaciones y sentimientos agradables. Los moralistas que dicen a los hombres: reprimid vuestras pasiones y domeñad vuestros deseos si queréis ser felices, no conocen el camino de la felicidad. Sólo somos felices gracias a las inclinaciones y las pasiones satisfechas; digo inclinaciones porque no siempre somos lo bastante felices como para tener pasiones, y a falta de pasiones, bien está contentarse con las inclinaciones. Pasiones tendríamos que pedirle a Dios si nos atreviéramos a pedirle alguna cosa, y Le Nôtre tenía mucha razón al pedirle al Papa tentaciones en lugar de indulgencias.

MADAME DU CHÂTELET

I
LOS DÍAS

HOMBRE DE LUNES CON SECRETO

Este lunes de abril templado y diligente,
muy de mañana, sin haber dormido.
Por la cafetería cruza el buitre
de los horarios laborales,
entre tazas, tostadas y periódicos
se discuten las últimas noticias,
y el hombre del secreto
se sumerge en el túnel de una nueva semana.
Deshoja el bienestar de su café,
sonríe a quien le mira, se consuela,
porque tiene un secreto.

Los cuerpos juveniles son presente,
pero nos llega impuesta del pasado
la inocencia arbitraria de sus conversaciones.
El hombre del secreto lo comprende
camino del trabajo,
cuando los estudiantes llenan el autobús
y un tumulto de cuerpos con la cara lavada
se apodera del lunes.
Los ve crecer, observa
como un brillo de incógnita en sus ojos,

una inquietud después desvanecida
por usura del tiempo.
Vivir es ir doblando las banderas.

El hombre de los ojos encendidos
se hiere con las rosas académicas,
consigue entre saludos, puñales y cipreses
cruzar el campus universitario,
recorre los pasillos en busca de su aula,
da su clase,
pero tiene un secreto
y el tema diecinueve se convierte
en materia de asombro,
poemas que se escapan de la página,
versos que llegan a la cima
de una mirada en vilo,
alguien que deja los apuntes
y los libros de texto,
para cerrar las manos hasta herirse
con otra rosa viva
mucho más inclemente,
la rosa de un secreto en el alma de un lunes.

Abre la puerta del despacho
y los libros sonríen como cómplices viejos.
En ellos ha leído lo que siente,
sólo literatura descentrada.
Pero esta vez no,
porque esta noche no,
esta mañana no,

y el hombre del secreto al levantarse
se miró en el espejo,
y descubrió el enigma
de sus extraños ojos encendidos,
y se dijo que no,
esta vez no.

¿Y la ciudad? Abierta
de luz, cuerpo tendido,
ha cambiado de piel en la ventana.
Ya no será paciencia, ni callejón nocturno,
ni día laborable de tráfico dudoso.
Así que va al teléfono,
busca la tinta azul del número apuntado
en el carné de conducir,
la condición de un lunes
que ya no tiene voluntad de fecha
sino de fruta, de sabor en los labios.

El hombre del secreto marca y dice:
«Buenos días, soy yo, he terminado».

CONFESIONES

Yo te estaba esperando.
Más allá del invierno, en el cincuenta y ocho,
de la letra sin pulso y el verano
de mi primera carta,
por los pasillos lentos y el examen,
a través de los libros, de las tardes de fútbol,
de la flor que no quiso convertirse en almohada,
más allá del muchacho obligado a la luna,
por debajo de todo lo que amé,
yo te estaba esperando.

Yo te estoy esperando.
Por detrás de las noches y las calles,
de las hojas pisadas
y de las obras públicas
y de los comentarios de la gente,
por encima de todo lo que soy,
de algunos restaurantes a los que ya no vamos,
con más prisa que el tiempo que me huye,
más cerca de la luz y de la tierra,
yo te estoy esperando.

Y seguiré esperando.
Como los amarillos del otoño,
todavía palabra de amor ante el silencio,
cuando la piel se apague,
cuando el amor se abrace con la muerte
y se pongan más serias nuestras fotografías,
sobre el acantilado del recuerdo,
después que mi memoria se convierta en arena,
por detrás de la última mentira,
yo seguiré esperando.

DA VERGÜENZA DECIRLO

Con los ojos vendados,
para que no pudieses recordar el camino,
intenté conducirte
al refugio sereno donde guardé mi vida.
Da vergüenza decirlo,
pero a veces los años construyen una casa
de medios sentimientos,
de verdades medianas,
de pasiones dormidas como animales viejos,
de cenizas y sueños humillados.
Y el cuerpo se acostumbra,
y las sombras apoyan su cabeza
en un pecho de sombra,
y el corazón se siente en paz o se doblega
a una derrota cómoda sin heridas mortales.

Da vergüenza decirlo.

Con los ojos vendados
para que no pudieses recordar el camino,
intenté conducirte

a mi mundo sereno de verdades a medias.
No me ha sido posible.

Esta noche insegura,
que mueve los relojes con la prisa
de tu pulso más vivo,
me envuelve y me repite:
no te ha sido posible.

Esta noche de viento,
que fue soltando amarras hasta quedarse tuya
como un delirio de melena negra,
me llama y me confirma:
no te ha sido posible.

Esta noche de gente
que pasa por las calles con tus ojos,
con la forma que tienes de vestirte,
con tu sonrisa de país lejano,
esta noche me empuja y me convence:
no te ha sido posible.

Y aquí estoy yo,
que voy soltando amarras hasta quedarme tuyo
y camino hacia el mar
con los ojos cerrados,
como una barca deja su refugio,
una barca feliz que se repite:
no me ha sido posible,
porque nada me importa,

sólo tu piel,
            la piel de una tormenta.

Da vergüenza decirlo.

TÚ, QUE TODO LO SABES

Tal vez, tal vez tú puedas
encontrar lo que a mí me resulta imposible,
lo que no he conseguido minuto tras minuto
de una noche de insomnio,
porque nada confiesan los últimos esfuerzos
del ascensor inútil
y mantienen silencio los ruidos de la luz
y los primeros coches.

Pero tal vez, seguro que tú puedes,
porque todo lo piensas y a todo le das vueltas,
encontrar lo que a mí me resulta imposible,
un lugar de mi cuerpo, un rincón de mis ojos
que no sean memoria de tu cuerpo y tus ojos,
de tu pelo que sabe llorar como un recuerdo
sobre nosotros juntos,
de los labios que saben callarse como un sueño,
de las manos que buscan mi cara y me preguntan
y no esperan respuesta.

Seguro que tú puedes porque lo piensas todo,
pero yo nada encuentro,

nada encuentro en mí mismo
que no viva rendido a ser memoria,
amor de ti,
sombra de lo que existe porque te pertenece.

PASEAR CONTIGO

Con una lentitud
de luces y de vientos que nunca conocí,
han crecido los plátanos
y las casas antiguas de estas calles.
Detrás de sus balcones se vivieron
fiestas que no eran mías,
guerras que no sufrí,
ambiciones que no me dominaron,
muertes que no he sentido.

Cruza la gente y habla
en un hermoso idioma que me cuesta
trabajo comprender.

                Y sin embargo
esta ciudad es mía,
pertenece a mi vida como un puerto a sus barcos.

Sin duda es la memoria
de algunos novelistas y un poeta.

Y sin duda, también, es la importancia

de pasear contigo,
de tu mano en mi mano, de nuevo adolescente,
tu cabeza en mi hombro,
tu silencio en el mío.

LA CIUDAD DE AGOSTO

Baja el avión por fin,
estoy bajando a la ciudad de agosto.
La sombra de las alas deja huellas azules
sobre la tierra seca
y recorre los campos con una vibración
de película antigua.
Estoy bajando, llego
a la ciudad tomada por los brazos desnudos,
llego a la lentitud de los museos,
a terrazas que ponen en los árboles
un brillo de cerveza.
Estoy en la ciudad del calor soportado,
en la ciudad que vive a ritmo de transbordo.
Calle Santa Isabel, número 19,
donde acuden los taxis con mirada
de perro cazador
y la escalera tiene voluntad
de mano que se cierra,
de mano que se cierra porque esconde
por ejemplo una joya,
una esmeralda de color memoria,
un sueño que se quiere defender,

como dos cuerpos se defienden
cuando están abrazados,
como dos cuerpos que se aman
con una minuciosa voluntad de tormenta,
como dos cuerpos que ya saben
la hora que jamás olvidarán,
el caribe metálico de los ventiladores,
la sombra de sus aspas en el techo,
o las huellas azules,
las alas del avión que vuelve a irse,
en la ciudad de agosto,
en un piso segundo,
en un rincón del viento.

DUDOSA GEOGRAFÍA URBANA

No parece un paisaje,
sino la descripción desalentada
y seca de un paisaje.

Con las paredes sucias.
Con la crueldad del sol taxidermista
a las tres de la tarde.

Porteros automáticos,
balcones viejos, nombres de almacenes,
la taberna cerrada.

El mes de agosto empuña
su linterna realista y su distancia,
igual que un paseante.

Madrid, calle vacía,
anécdota de vidrios y letreros,
de relojes ocultos.

Porque existe una esquina
donde suele citarse la memoria
con la imaginación,

y las huellas se hunden
hasta pisar, no sé, dudosamente,
la conciencia del tiempo.

En un escaparate
cabe el invierno, fluyen los otoños,
la primavera mueve

las ruedas del verano.
Es una sensación, sólo un minuto,
pero hay sombras y días

para salir del cine,
para crecer en un portal antiguo,
para aburrirse mucho

o ser feliz y verte
regresando a tu casa del colegio
una tarde de lluvia.

Es tu ciudad. De pronto
camino hasta perderme por las calles
de la memoria ajena.

Una sombra en mi sombra,
vuelve a pasar tu tiempo y se hace mío.
También me ocurre a veces

después de algún poema.
Se convierten en calles las palabras
a la sombra del tiempo.

Ese tiempo que habla nuestro idioma,
pero sólo pronuncia nuestros nombres
con acento extranjero.

CARTAS

Como cierras los ojos,
cierras también los sobres de tus cartas.
La misma voluntad de retener un sueño,
de retener el mundo palabra por palabra
para poder contármelo,
porque la luz, las fechas y el nombre de las calles
y la cafetería de las comidas rápidas
o la penumbra del estar desnudos,
son ahora la huella de tu mano,
imágenes que saben devolverme
los primeros encuentros,
igual que un sueño salva parte de nuestra vida
y nos cuenta su historia
al dejarnos dormidos.

No sé cómo decirte
que soy más tuyo cuando soy del mundo,
porque tu letra tiene
ese color del cielo ya metido en septiembre,
y la tinta es un día con voluntad de lluvia,
el recuerdo cayendo como en una ventana,
horas en tu ciudad, paseos y lugares,

agua que justifica mi mesa de trabajo,
al caer sobre ella en un sobre tranquilo,
en un sobre cerrado
como cierras los ojos al quedarte dormida.

Y soy del mundo cuando soy más tuyo,
por la misma razón que los días de lluvia
nos devuelven palabras de familia
y el olor de la tierra.

MARTES Y LETRAS

Un asiento sin nadie en una conferencia
tiene ojos y mira con un frío absoluto.
Sobre todo si estás al otro lado
del azul de los mapas,
separada de mí por ciudades nocturnas,
el campo de las nubes, la luz de algún navío
y costas dibujadas con espuma
y casas con piscina.

Cruza un avión
el rojo turbio del amanecer
igual que el sueño cruza por tu noche,
cercano y lejanísimo,
en busca de otra tierra que no es mía,
aunque está junto a mí.
A veces me pregunto si yo soy
el que hace de mí cuando vivo en tus sueños.

El agua ya servida. Me deja frente al público
el verbo exagerado de mi presentador.
Es un martes de octubre. Debo hablar
sobre la utilidad de los poetas

y en la silla vacía no se sienta
ni el silencio de Bécquer encerrado en un álbum,
ni la desguarecida multitud
que Baudelaire metió en una botella,
como se mete un barco,
como se mete el humo,
el rojo turbio del amanecer.

En la silla vacía se sienta tu recuerdo
y la imaginación del viento norte
que ahora te persigue, las calles que te miran
y los escaparates
en los que te descubres reflejada.
Yo estoy donde tú estás, pero en la vida
hay cosas que no pueden compartirse.
Por eso sigo aquí y voy contigo,
cercano y lejanísimo,
en busca de otro mundo que no es mío,
aunque está junto a mí.

La poesía es la voz del que se sabe
vivo y mortal, lo dice Blas de Otero,
y en conclusión, señores, el poema
no nace del esfuerzo de hablar solo,
es la necesidad de estarle hablando
a una silla vacía.

LA AUSENCIA ES UNA FORMA DEL INVIERNO

Como el cuerpo de un hombre derrotado en la nieve,
con ese mismo invierno que hiela las canciones
cuando la tarde cae en la radio de un coche,
como los telegramas, como la voz herida
que cruza los teléfonos nocturnos,
igual que un faro cruza
por la melancolía de las barcas en tierra,
como las dudas y las certidumbres,
como mi silueta en la ventana,
así duele una noche,
con ese mismo invierno de cuando tú me faltas,
con esa misma nieve que me ha dejado en blanco,
pues todo se me olvida
si tengo que aprender a recordarte.

RESUMEN

No existe libertad que no conozca,
ni humillación o miedo
a los que no me haya doblegado.
Por eso sé de amor,
por eso no medito el cuerpo que te doy,
por eso cuido tanto las cosas que te digo.

CANCIÓN INDIA

El collar en rojo
sobre tu desnudo.

Deja que tu pelo
se convierta en humo,
igual que la luz
—al abrigo tuyo—
se vuelve penumbra
sobre tu desnudo.

La piel en desorden,
los ojos sin rumbo,
pero el viento lleva
a lugar seguro,
cuando se desata
sobre tu desnudo.

Deja que la prisa
detenga tus muslos,
que tiemble en tus pechos
un halo de orgullo,
aceite de luna
sobre tu desnudo.

Cabalga la india.

El silencio impuro
y el collar en rojo
sobre tu desnudo.

MIÉRCOLES. DÍA DEL ESPECTADOR

No se descarta que al salir del cine
una pareja cuente con nuevos enemigos.
La película es mala,
las sombras buscan cuerpos para encontrar deseos,
se oyen voces de actores,
imágenes dudosas,
pero los labios son materia viva
en las butacas observadas
y los botones pierden su vergüenza.
Suena un disparo inútil,
la camisa deshecha,
la mano que naufraga entre los muslos.
Se persiguen dos coches por tus hombros
y estalla un edificio,
una lengua de fuego en la ventana,
llamas que desesperan vientre abajo,
el pelo negro por la mano abierta,
negro como la vida en la pantalla,
como el silencio del actor que mira,
del acomodador,
del público encendido.
Ya no tienen edad para estas cosas,

comenta el matrimonio de la última fila.
Y pienso que es verdad. No se descarta,
no se descarta que al salir del cine
una pareja cuente con nuevos enemigos.

CASA EN REBELDÍA

He podido entender la lluvia subterránea
que hace brotar palmeras en la estación del metro
y conozco la noche que sucede a la noche
porque la luz se queda detenida en dos cuerpos.

Ya comprendo el orgullo del buque naufragado,
las islas sin caníbales o los ojos del ciego,
el amor del esclavo, el héroe sin hazañas,
las razones del loco y los años bisiestos.

Pero no sé quién soy cuando digo *Soy yo,
abre la puerta*. Sólo por eso me comprendo.
Toco soles nocturnos en la ciudad del trigo,
piso nieve de agosto en campos de cemento.

Soy yo, el sorprendido por sus rompecabezas,
por la humedad que quiso regresar del desierto,
por la disciplinada voluntad de este caos
que nos ha puesto casa y un lugar en el tiempo.

POÉTICA

Hay momentos también en que dejamos
las palabras de amor y los silencios
para hablar de poesía.
Tú descansas la voz en el pasado
y recuerdas el título de un libro,
la historia de unos versos,
la noche juvenil de algunos cantautores,
la importancia que tienen
poetas y banderas en tu vida.
Yo te hablo de comas y mayúsculas,
de imágenes que sobran o que faltan,
de la necesidad de conseguir un ritmo
que sujete la historia,
igual que con las manos se sujetan
la humedad y los muros de un castillo de arena.
Y recuerdo también algunos versos
en noches donde comas y mayúsculas,
metáforas y ritmos,
calentaron mi casa,
me hicieron compañía,
supieron convencerme
con tu mismo poder de seducción.

Ya sé que otros poetas
se visten de poeta,
van a las oficinas del silencio,
administran los bancos del fulgor,
calculan con esencias
los saldos de sus fondos interiores,
son antorcha de reyes y de dioses
o son lengua de infierno.

Será que tienen alma.
Yo me conformo con tenerte a ti
y con tener conciencia.

IMPERTINENCIAS

En la mesa de al lado,
un jardín de señoras en domingo
abonadas al orden del murmullo
y del té con limón,
en un café de invierno por la tarde.

Se quejan de los tiempos, beben, fuman,
discuten sus secretos, asienten con sonrisas...

y de pronto se paran a mirarte.

Despreocupada cuentas
—y en el local tu voz es como el sable
que hiere al enemigo—
una historia de cama con detalles expertos,
una manera de sentir la vida
que penetra y disuelve
la luz de iglesia,
la humillación del frío en las rodillas,
los cajones cerrados y las fotos de boda.

Cierto tipo de gente

sufre de los inviernos en los ojos,
conoce las heladas
que pasan por debajo de una puerta,
una puerta de alcoba,
allí donde la noche siempre tiene
olor de espera inútil,
y después de la espera se aceptan las mentiras,
y después el silencio.

Nada dejan los años en la mesa de al lado,
sino un murmullo que envejece
y una sombra
que cruza por los labios
como una cicatriz,
un rencor en la piel de la conciencia.

Tu voz es alta y joven,
va vestida de fiesta y cuando se desnuda
hace que el sol de invierno, conmovido,
se detenga un instante para apoyar la frente
sobre los ventanales del café.

LES PIDO QUE ME MIENTAN

Escribo para ti,
pero no hablo contigo
al pensar mis palabras.

Intento discutir con este día,
diecisiete de enero,
martes
de una semana larga
partida por la lluvia.

Intento discutir con los kilómetros,
me los sé de memoria,
mapas
con números y nombres
a debida distancia.

Escribo para ti,
pero no hablo contigo.
Intento discutir con mis palabras,
les pido que me mientan,
pueden
conducirme a una hora
del martes veinticuatro.

MERECE LA PENA
(Un jueves telefónico)

Trist el qui mai no ha perdut
per amor una casa.

JOAN MARGARIT

Sobre las diez te llamo
para decir que tengo diez llamadas,
otra reunión, seis cartas,
una mañana espesa, varias citas
y nostalgia de ti.
El teléfono tiene rumor de barco hundido,
burbujas y silencios.

Sobre las doce y media
llamas para contarme tus llamadas,
cómo va tu trabajo,
me explicas por encima los negocios
que llevas en común con tu ex marido,
debes sin más remedio hacer la compra
y me echas de menos.
El teléfono quiere espuma de cerveza,
aunque no, la mañana no es hermosa ni rubia.

Sobre las cuatro y media
comunica tu siesta. Me llamas a las seis para decirme
que sales disparada,
que se queda tu hijo en casa de un amigo,

que te aburre esta vida, pero a las siete debes
estar en no sé dónde,
y a las ocho te esperan
en la presentación de no se quién
y luego sufres restaurante y copas
con algunos amigos.
Si no se te hace tarde
me llamarás a casa cuando llegues.

Y no se te hace tarde.
Sobre las dos y media te aseguro
que no me has despertado.
El teléfono busca ventanas encendidas
en las calles desiertas
y me alegra escuchar noticias de la noche,
cotilleos del mundo literario,
que se te nota lo feliz que eres,
que no haces otra cosa que hablar mucho de mí
con todos los que hablas.

Nada sabe de amor quien no ha perdido
por amor una casa, una hija tal vez
y más de medio sueldo,
empeñado en el arte de ser feliz y justo,
al otro lado de tu voz,
al sur de las fronteras telefónicas.

CANCIÓN VÍBORA

Ten paciencia conmigo.

Porque a veces el mundo,
la víbora del tiempo y del pasado,
cabe entre dos palabras.

Si la piel se hace noche,
si vuelven las cenizas a los labios,
cabe entre dos palabras.

De verdad, yo lo sé,
una estrella apagada que cruza el universo
con su puñal de frío.

Y repta por la vida,
por caminos sin nadie, por ciudades,
con su puñal de olvido.

A través del amor,
incluso por encima de la felicidad,
cabe entre dos palabras.

La víbora del miedo,
la víbora del miedo derrotado,
mi calor y su frío.

Y se queda en el pecho,
anidada en la sombra, hasta el amanecer.
Ten paciencia conmigo.

Porque el mundo es así, y vengo herido,
ten paciencia conmigo.

COMPLETAMENTE VIERNES

Por detergentes y lavavajillas,
por libros ordenados y escobas en el suelo,
por los cristales limpios, por la mesa
sin papeles, libretas ni bolígrafos,
por los sillones sin periódicos,
quien se acerque a mi casa
puede encontrar un día
completamente viernes.

Como yo me lo encuentro
cuando salgo a la calle
y está la catedral
tomada por el mundo de los vivos
y en el supermercado
junio se hace botella de ginebra,
embutidos y postre,
abanico de luz en el quiosco
de la floristería,
ciudad que se desnuda completamente viernes.

Así mi cuerpo
que se hace memoria de tu cuerpo

y te presiente
en la inquietud de todo lo que toca,
en el mando a distancia de la música,
en el papel de la revista,
en el hielo deshecho
igual que se deshace una mañana
completamente viernes.

Cuando se abre la puerta de la calle,
la nevera adivina lo que supo mi cuerpo
y sugiere otros títulos para este poema:
completamente tú,
mañana de regreso, el buen amor,
la buena compañía.

PRINCIPIOS Y SENTIMIENTOS

Ni las cartas escritas con palabras de invierno,
ni el puñal que se esconde debajo de una almohada,
ni el ojo del espía, ni las murmuraciones
que cubren como musgo las mesas de camilla,
ni las noches cargadas con pólvora de luna,
ni los lobos en mesas de despacho,
ni las leyes con filo de navaja,
ni el tiempo que deshace lo que levanta el tiempo,
ni las guerras heroicas, ni las paces crueles,
ni el odio de los mapas o de las autopistas,
ni ese reloj de arena que trabaja
en el desesperado abismo de los sueños,
ni la felicidad que es imprudencia,
ni el desamor que es agua envenenada,
ni siquiera la muerte, su voluntad de hielo,
su designio implacable de separarlo todo...

PROBLEMAS DE GEOGRAFÍA PERSONAL

Nunca sé despedirme de ti, siempre me quedo
con el frío de alguna palabra que no he dicho,
con un malentendido que temer,
ese hueco de torpe inexistencia
que a veces, gota a gota, se convierte
en desesperación.

Nunca sé despedirme de ti, porque no soy
el viajero que cruza por la gente,
el que va de aeropuerto en aeropuerto
o el que mira los coches, en dirección contraria,
corriendo a la ciudad
en la que acabas de quedarte.

Nunca sé despedirme, porque soy
un ciego que tantea por el túnel
de tu mano y tus labios cuando dicen adiós,
un ciego que tropieza con los malentendidos
y con esas palabras
que no se saben pronunciar.

Extrañado de amor,

nunca puedo alejarme de todo lo que eres.
En un hueco de torpe inexistencia,
me voy de mí
camino de la nada.

CRIMEN EN LA NOCHE DE UN SÁBADO

Sobre el espejo roto
una huella de sangre.
Apareció la luz
y me desconocía,
porque la noche estaba
dentro de mí. Yo era
la sombra de una sombra.
Así que tuve miedo
de lo que puede hacerse
del lado de la sombra.

He roto tantas cosas en mi vida.

Y cuando tuve miedo
reconocí la casa.
Ya dije que vi sangre,
las sillas boca arriba,
los cajones abiertos,
libros amontonados,
botellas, flores secas,
cristales por el suelo.
Me saltó como un tigre
la noche que yo era.

He roto tantas cosas en mi vida.

El miedo nunca falla.
Como un profesional,
supo donde apuntarme
y pronunció tu nombre.
Por mis manos pasó
la piel de una serpiente.
¿Dónde estaba tu cuerpo?
¿En qué lugar inhóspito
la noche que yo era
escondía mi crimen?

Parecías ahogada,
definitiva y noble,
como la cabellera
que flota con la luna.
Pero te levantaste,
y me diste la mano,
y cruzamos la casa,
y llegué hasta la parte
más tuya de mi sueño,
y descansé contigo.

He roto tantas cosas en mi vida.

CABO SOUNION

Al pasar de los años,
¿qué sentiré leyendo estos poemas
de amor que ahora te escribo?
Me lo pregunto porque está desnuda
la historia de mi vida frente a mí,
en este amanecer de intimidad,
cuando la luz es inmediata y roja
y yo soy el que soy
y las palabras
conservan el calor del cuerpo que las dice.

Serán memoria y piel de mi presente
o sólo humillación, herida intacta.

Pero al correr del tiempo,
cuando dolor y dicha se agoten con nosotros,
quisiera que estos versos derrotados
tuviesen la emoción
y la tranquilidad de las ruinas clásicas.
Que la palabra siempre, sumergida en la hierba,
despunte con el cuerpo medio roto,
que el amor, como un friso desgastado,

conserve dignidad contra el azul del cielo
y que en el mármol frío de una pasión antigua
los viajeros románticos afirmen
el homenaje de su nombre,
al comprender la suerte tan frágil de vivir,
los ojos que acertaron a cruzarse
en la infinita soledad del tiempo.

CANCIÓN IMPOSIBLE

Y como los recuerdos tienen sombra,
me avisaron las sombras de los míos
cuando intenté salir del arrecife.
Caminaba descalzo sobre el fuego
de una historia imposible.

Lo comentó el amigo
con su prudencia de verdades muertas,
desconfiado y triste
por la lluvia que ensucia los cristales
de la historia imposible.

El enemigo dijo
a todo el que escuchaba sus sermones
certezas como puños.
Dejó correr los lobos por el campo
del amor sin futuro.

Y nuestras dos ciudades
lo afirmaron también, desorientadas
por el pasado absurdo
de burdeles y noches clandestinas.
Un amor sin futuro.

Ahora sé responderles:
la plenitud guarda dos filos,
para matar o para suicidarse.
Desgraciado este mundo
sin el riesgo de ser eternamente
esa historia imposible de un amor sin futuro.

FIN DE AÑO

Porque sé que a este amor le pertenecen
los días que me faltan por vivir,
la realidad con su mirada inhóspita,
el deseo que nace de los sueños.

Porque lo sé, porque ya casi todo
pertenece a este amor,
como las realidades que viví,
como los sueños que me quedan.

DISCIPLINA SECRETA

La casa como barco
en alta mar de junio.
Las calles como trenes
de noche sosegada.

Estas cosas no pasan en el mundo.
Estoy por afirmar
que ahora vivo en un libro de poemas.

Pero si tú me miras,
decidida a existir
desde el fondo templado de tus ojos,
también existe el mundo.
Y muy probablemente
yo acabaré por existir contigo.

PRONÓSTICOS EN UNA MAÑANA DE DOMINGO

A veces es posible fiarse de un testigo
y de la comprobada memoria de las cosas.
Esta lámpara húmeda,
este galán metálico que ofrece
igual que un mayordomo su elegancia,
este espejo sumiso que intenta refugiarnos
en un mundo de sombras submarinas,
el desnudo del cuadro,
la novela que duerme con la historia doblada
en la página ciento treinta y cinco,
el armario de antigua compostura
que se vuelve de espaldas para no molestarnos,
la butaca que abre los brazos a la ropa,
la porcelana vieja,
toda la colección de objetos y recuerdos
que marcan las fronteras de nuestro territorio,
alguna vez, sin duda,
al cabo de una herencia, al final de un destino,
después de una mudanza
o en la complicidad de los desvanes,
hablarán con envidia de nosotros,
se afirmarán testigos de un amor

y buscarán palabras que puedan evocar
la llama en que se juntan dos verdades,
dos sombras que se ofrecen claridad,
los cuerpos sometidos a la luz de su víctima.

Será mejor entonces fiarse del secreto
que guardan las cenizas numeradas
en un viejo reloj despertador.

II
LAS PALABRAS

EL AMOR

Las palabras son barcos
y se pierden así, de boca en boca,
como de niebla en niebla.
Llevan su mercancía por las conversaciones
sin encontrar un puerto,
la noche que les pese igual que un ancla.

Deben acostumbrarse a envejecer
y vivir con paciencia de madera
usada por las olas,
irse descomponiendo, dañarse lentamente,
hasta que a la bodega rutinaria
llegue el mar y las hunda.

Porque la vida entra en las palabras
como el mar en un barco,
cubre de tiempo el nombre de las cosas
y lleva a la raíz de un adjetivo
el cielo de una fecha,
el balcón de una casa,
la luz de una ciudad reflejada en un río.

Por eso, niebla a niebla,
cuando el amor invade las palabras,
golpea sus paredes, marca en ellas
los signos de una historia personal
y deja en el pasado de los vocabularios
sensaciones de frío y de calor,
noches que son la noche,
mares que son el mar,
solitarios paseos con extensión de frase
y trenes detenidos y canciones.

Si el amor, como todo, es cuestión de palabras,
acercarme a tu cuerpo fue crear un idioma.

LA CIUDAD

Se hacen de hormigón y de cristal,
de lugares extraños y gentes ocupadas.
En todas crece un árbol
delante de la casa de un suicida
y hay niños que acostumbran a dormirse
soñando con un perro.
No faltan desayunos en hoteles lujosos,
ni tampoco familias con jardín,
pero son más frecuentes
los portales oscuros con pareja de novios,
el beso frío,
la rosa de cemento en la ventana.

Las calles desembocan en plazas descompuestas,
las tardes de domingo en las cafeterías
y el humo de los coches en los ojos del loco
que murmura sus años
y los cuenta sin fin
de metro en metro.
Al salir de los túneles sentimos
que los cielos de agua
son igual que una carta del pasado,

y suele comprenderse
que la vida es un arma lenta y de doble filo
en los pasos sin nadie,
en las noches vacías
o en la debilidad que tienen las ciudades
por los cines de barrio
y por las taquilleras muy pintadas.

A pesar de los plátanos, los olmos y los tilos,
a pesar de la hierba, si es que hablamos del Norte,
la gente que nos mira,
la gente que se salta los semáforos,
la que fluye delante de las tiendas,
necesita el amparo
de otra vegetación,
un sigilo de números y tarjetas de crédito
que extiende sus raíces por los sótanos
y busca soledad en los desvanes
como los muebles y las ratas viejas.

No es inútil viajar,
porque es cierto que todas las ciudades
amanecen de un modo parecido,
pero la noche llega en cada una
de manera distinta.
De día pueden verse
secretarias, conserjes, policías,
músicos callejeros y soldados,
dependientas que escuchan y sonríen,
oficinistas con olor a instancia,

conductores, extraños sacerdotes,
ejecutivos humillados.
Igual en todas partes,
porque apenas existen los kilómetros.
Pero existe la noche,
la soledad que borra los oficios
en un mundo habitado solamente
por hombres y mujeres,
confidencias de amarga valentía.

En las ciudades pueden encontrarse
relojes que se paran en la última copa,
la luna sobre un taxi
y todos los poemas que te escribo.

EL COCHE

Yo no sé lo que pasa
en aquel coche rojo que subió la ladera
y se detuvo bajo los castaños.
Yo no sé lo que pasa,
pero dejaron de ladrar los perros
y la tarde se hizo más extensa:
primero una ciudad,
su pintura de torres y de cúpulas
en la raya del campo,
luego la mansedumbre violeta de la luz,
después el infinito.

Como el tiempo en las manos de un reloj,
rueda el coche y se pierde en los brazos del mundo.
Tal vez ha compartido el misterio del río,
la memoria que fluye,
la distancia del agua y de las horas.
Nuestro primer verano
fue tiempo de secretos y caminos.
En asuntos de amor,
hace falta el secreto para contarlo todo.
Y desaparecimos en nosotros,

y no fuimos del sol, ni de las autopistas,
ni del paisaje seco en nuestra espalda.
Con mi segundo coche
comprendí la fortuna
de no pertenecer, por unas horas,
a la encina y los álamos,
a los puentes y al cambio de sentido,
a la raya continua,
al reflejo
de la velocidad en los cristales.
Solamente palabras
en un viaje de incógnito hacia nuestro pasado,
la fortuna de haber pertenecido
al mundo, y luego
no responder a nada,
solamente palabras en un coche,
sin edificios, sin olivos, sólo
la forma de contarnos todo aquello
que no hemos compartido,
los años sin nosotros,
nombres de pueblos, gente
convertida en memoria,
direcciones y títulos de libros.
Solamente palabras que tienen su frecuencia,
que modulan el tiempo, que se cruzan
y buscan sintonía
cuando aparecen y desaparecen
al pasar los kilómetros
como las emisoras de la radio.

Y tal vez nos miraban
los maniquíes y los campesinos,
la multitud de los semáforos
y los niños del puente,
sin saber que pasaba
nuestro amor en la historia movediza,
palabras rodeadas por los brazos,
la intimidad del vértigo,
el único refugio.

Las palabras son cuevas en la velocidad,
tienen agua secreta,
sobre todo si surgen del pasado,
como aquel coche rojo
que subió la ladera
y se detuvo bajo los castaños.
Yo no sé lo que pasa,
pero dejaron de ladrar los perros
y la tarde se hizo más extensa
detrás del parabrisas:
primero la ciudad,
su pintura de torres y de cúpulas
en la raya del campo,
luego la mansedumbre violeta de la luz,
después el infinito.

LA CRUELDAD

No es el cuchillo que por fin nos mata,
sino la espera fría de su hoja en la piel,
el tiempo sucio y duro,
los plazos del temor, porque la muerte
suele afilar sus armas
en el miedo cortante de la víctima.

No es el tener que irme,
ni es el amor vivido en dos ciudades,
sino la cuenta atrás de los últimos días,
la mala noche que pasea
su cuchillo de dudas en el pecho,
y después la mañana rencorosa,
el desilusionado rencor de los kilómetros
que me van separando una vez más,
por la M-30,
como la uña de la carne.

EL DESEO

El futuro y el orden son lugares inhóspitos,
porque el suelo está frío y no se puede
andar descalzo ni olvidar la ropa.

Un lugar en la mesa, los tenedores sucios
y las copas vacías, una razón de estado
sentimental, un cuerpo
vestido solamente con los números pares.
Eso es el orden.

Y también es la sombra
que camina dos pasos por delante
para enfriar el suelo que hay detrás de la puerta.
Una casa arruinada,
un orden sucesivo y los cristales rotos.
Eso es el futuro. No se puede
andar descalzo ni olvidar la ropa.

Pero existen lugares intermedios,
pasados y presentes con luz de porvenir,
ciudades de frontera,
barcos anclados en las estanterías

y resplandor de puertos en la noche
y nombres en los mapas.

Vivir con la mirada pensativa
o en las fabulaciones que se guardan
bajo las yemas de los dedos,
cuando el tiempo se hace voluntad
y camina hacia el Sur
con la obediencia de un esclavo,
sin pensar, porque todo es pensamiento,
sin amar, porque él mismo
es el amor y se confunde
como luz en la luz,
como paso de agua
en las ingobernables corrientes del océano.

Lugares intermedios,
madrugadas de junio a veces compartidas
en primera persona del plural.

LA ESPERANZA

No a causa de la vida,
sino del sobresueldo de leyendas,
de canciones y mitos
que yo necesité para vivir,
aprendí que el invierno con sus lluvias metálicas
no desemboca nunca
en los hoteles de la primavera,
sólo en la flor de otoño
de una pasión cumplida.

Pero el invierno tiene secretos que guardar.

Mientras la niebla del camino borra
los límites del mundo,
hay luces que se acercan por el retrovisor
como un recuerdo
y me adelantan rápidas
en busca del futuro.

No sé,
simple cuestión de azar
o tal vez recompensa.

Pero de nuevo ahí
la presentida
luz de abril en los campos.

LA INMORTALIDAD

Nunca he tenido dioses
y tampoco sentí la despiadada
voluntad de los héroes.
Durante mucho tiempo estuvo libre
la silla de mi juez
y no esperé juicio
en el que rendir cuentas de mis días.

Decidido a vivir, busqué la sombra
capaz de recogerme en los veranos
y la hoguera dispuesta
a llevarse el invierno por delante.
Pasé noches de guardia y de silencio,
no tuve prisa,
dejé cruzar la rueda de los años.
Estaba convencido
de que existir no tiene transcendencia,
porque la luz es siempre fugitiva
sobre la oscuridad,
un resplandor en medio del vacío.

Y de pronto en el bosque se encendieron los árboles
de las miradas insistentes,
el mar tuvo labios de arena
igual que las palabras dichas en un rincón,
el viento abrió sus manos
y los hoteles sus habitaciones.
Parecía la tierra más desnuda,
porque la noche fue,
como el vacío,
un resplandor oscuro en medio de la luz.

Entonces comprendí que la inmortalidad
puede cobrarse por adelantado.
Una inmortalidad que no reside
en plazas con estatua,
en nubes religiosas
o en la plastificada vanidad literaria,
llena de halagos homicidas
y murmullos de cóctel.
Es otra mi razón. Que no me lea
quien no haya visto nunca conmoverse la tierra
en medio de un abrazo.

La copa de cristal
que pusiste al revés sobre la mesa,
guarda un tiempo de oro detenido.
Me basta con la vida para justificarme.
Y cuando me convoquen a declarar mis actos,
aunque sólo me escuche una silla vacía,
será firme mi voz.

No por lo que la muerte me prometa,
sino por todo aquello que no podrá quitarme.

LA MUERTE

I

Si alguna vez las aguas se retiran,
comprenderé el vacío,
conoceré la muerte sin disfraces.

Como una hierba seca
atrapada en el humo de los cirios,
me reveló muy pronto su disfraz.
No sé, debió de ser el año
sesenta y seis, tal vez sesenta y siete,
en una tarde de silencio frío.
Era entonces Granada
la ciudad que se duerme en un vaso de agua,
los álamos que caben en la mano de un niño,
el corredor que lleva al sacerdote muerto.

Y cruzamos en fila por la sombra.
Conciencias vigiladas,
alumnos conducidos
a pasar por delante de un cadáver,
recuerdo que la muerte
fue una imagen avara de la vida,

labios de cera y piedra
gastados por el rezo.

Las coronas de flores
suspendían la prisa y el temor
en el mensaje de los sentimientos.
Las palabras inútiles son pétalos morados.
Tus alumnos jamás te olvidarán.

Y en mi caso fue cierto,
nunca olvidé aquel día,
atrapado en el humo de los cirios
como una hierba seca,
la madera solemne de su féretro,
el blanco miserable de la piel,
ese disfraz mundano de la muerte.

II

Pero la muerte a secas, sin disfraces,
no llegué a comprenderla.
Era incapaz de presentir un tiempo
en el que yo no fuese
rumor, canción, tragedia o alegría,
que el silencio no fuese mi silencio,
ni la mañana luz para mis ojos,
ni la ciudad de octubre
esa piel fatigada de pájaros y humos
que se apoya en mi cuerpo
y en las ventanas de los dormitorios.
La muerte es un vacío sin pasado,
nunca tuve memoria de la nada.

Estoy a punto de decir
que al entrar tu recuerdo
en el sol invisible de mi suerte,
como entran las ciudades en la noche
del viajero perdido,
me obligaste a entender la condena del tiempo,
la desaparición,
este miedo nocturno

que tienen las botellas
a quedarse vacías.

La muerte y el amor
son tareas del cuerpo,
caminos diferentes
que llevan a lugares parecidos,
faros que nos persiguen en busca de una fecha
y que al llegar nos quitan
autoridad en nuestra vida.

Es la razón, la única,
sentirse en la obediencia de un deseo
que nos mueve las horas
como luces terrestres en el mar,
la cadena de oro que sujeta
mi piel al pensamiento.

El agua que subió con la marea
hizo un lago en el Sur. Y abandoné los nombres,
las trece letras de mis apellidos,
números de teléfono borrados en la arena,
y un reloj,
yo que viví metido en un reloj,
desde el primer momento en que bajé a la calle.

Están allí, recuerdos
convertidos en valle submarino,
pasiones amparadas
en la quietud de la felicidad,

que no podrán vivir en el desierto
si es que un día las aguas se retiran.

Comprenderé el vacío,
conoceré la muerte sin disfraces,
si es que un día las aguas se retiran.

EL MUNDO

Las ventanas de hotel
son a veces preguntas que se han quedado frías
o respuestas pisadas
en la hojarasca del otoño.
Lo sé por experiencia.
Y sé también que a veces
la puerta de la calle
sólo conduce al otro lado
por los pasos de cebra de una mirada ajena,
la mirada de júbilo
que los días marcados necesitan.

No te olvides la llave.
                    Pude
seguir por el camino de tus ojos
hasta que se me abrieron las plazas melancólicas,
cuando las oficinas de cambio saludaban
al sol de aquel octubre
y un rumor de noticias y de curiosidades
penetraba de nuevo
en la debilidad de las cafeterías,
en el desorden muerto de un cuarto de trabajo,
en las maletas ofendidas,

en la ropa cansada del armario,
en los ojos estúpidos
y también maltratados
de mis fotografías.

Aunque no te lo dije,
miré la realidad y supliqué en silencio
para que tú pudieras sacarme de mi vida.

Hoy sé lo que esperaba,
hoy puedo responder a las preguntas
del corazón mecánico del mundo,
el que arrastra sin fuerza
ni voluntad sus estaciones,
como el hombre agotado que vuelve tarde a casa,
después de traicionar,
por un fruto que apenas le convence.
Ahora lo sé. El mundo es más sencillo
cuando lo complicamos de verdad.
Nadie debe morirse
de una tranquilidad avara y posesiva.

En una taza fría de café
naufraga lentamente una conversación.
Basta con disolver un sí de niebla,
un quizás destruido.
Para que renacieran las palabras
busqué mis armas y ofrecí combate
a ciudades hostiles,
con sus mañanas de oficina

y sus noches de prisa subterránea.
Hoy yacen las ciudades
a los pies de mi dama.

Salí a un bosque de fuertes y fronteras,
de vientos sin raíces que se mueven
con la fatalidad de los relojes,
de ríos que navegan a la muerte.
El mar inapelable,
el palacio infinito
y un otoño con todas sus metáforas,
hoy yacen humillados
a los pies de mi dama.

Entré en el laberinto de una memoria seca,
allí donde los dioses descompuestos
y la falta de fe
alimentan la fiera que vigila
para que nada pase
sin sufrir el veneno de su lengua.
Es la fiera que hoy duerme a los pies de mi dama.

No se llamó Cupido
aquel conserje rubio de ojos infantiles
que nos dejó la llave
de la segunda noche en el primer hotel.
Pero sentí su arco,
la flecha que cruzaba las sombras del vestíbulo
y buscaba la luz del ascensor
antes de que la puerta se cerrase.

LA NOCHE

> Ahora la sentimos inagotable
> como un antiguo vino
> y nadie puede contemplarla sin vértigo
> y el tiempo la ha cargado de eternidad.
>
> JORGE LUIS BORGES

Con sus conspiraciones,
con los sueños que nunca se recuerdan
y con los recordados,
con el insomnio de las cañerías,
con la inquietud que tiembla un segundo después
del aullido de un lobo
o el aviso alarmado de los perros,
con la sombra que cruza por el jardín vacío,
con la luna maldita, con el amor, los hombres
levantaron la noche.

Con las ventanas de los rascacielos,
con la oración del monje,
con la ropa cansada de la puta,
con la orquesta de jazz en aquel sótano
de la ciudad dormida,
con el postigo en la tormenta,
con los versos de Borges
y con las confesiones del borracho,
con la luna de junio, con el odio,
levantaron la noche.

Y también con la Estrella Polar sobre los barcos,
con las meditaciones del filósofo,
con las tribus sentadas a la hoguera,
con la perversidad del confidente,
y con el tiempo detenido
en el primer abrazo, en las primeras lágrimas,
en los primeros nombres del interrogatorio,
con la luz amarilla,
con el silencio de los hospitales,
levantaron la noche.

También con tu desnudo. Esta definitiva
perfección de la noche en tu desnudo
me confirma la frágil certeza del destino,
pues toda la intención del universo
fue llamarnos aquí.
En una noche blanca están todas las noches
y el tiempo inevitable ha sucedido
para dejar tu sueño en esta cama
y para que yo vea en tus ojos el fuego
de una noche infinita.

EL PASADO

Después de atravesar
por las últimas casas humilladas
y de sufrir el vaho
de los desmontes y los vertederos,
la carretera sube al aire limpio
en favor de la luna interrumpida
hace ya mucho tiempo.
Cuando los faros doblan
por los estremecidos olivares,
se encienden todavía imágenes de guerra,
las ametralladoras en sus nidos de rata,
los camiones nocturnos,
y más arriba,
sobre los días y las fechas,
un rumor de palabras,
un tiempo de poetas y república,
de voluntad civil en las pizarras
y dignidad, una melancolía
de golpe traicionada,
cerca de Víznar,
en la fosa común de este barranco.

A los antepasados se regresa
por los mares carnívoros de los limones secos
y la historia es en ellos
un afluente de la geografía.
Hay quien busca ciudades,
la balada del bosque y la montaña verde,
el armario vacío de una casa,
la bandera o el himno.
Yo regreso a esta luna suspendida
sobre los olivares y tu coche.

Aquí viven mis muertos,
éstas son mis raíces,
y su calor se extiende
como ramas al borde del camino,
alambres oxidados por la lluvia,
que sirven todavía para tender mi ropa.

Mira, déjame que te enseñe
el eco de tu piel cuando te beso.
La ciudad está en llamas, tiene el frío
de los años cobardes.
Una muchacha dobla
la guerrera vencida de un soldado.
No sabe si la esconde o si la guarda.
Quizás encuentre un día,
en el cajón de los limones secos,
otra oportunidad.

LA POESÍA

La poesía es inútil, sólo sirve
para cortarle la cabeza a un rey
o para seducir a una muchacha.

Quizás sirve también,
si es que el agua es la muerte,
para rayar el agua con un sueño.
Y si el tiempo le otorga su única materia,
posiblemente sirva de navaja,
porque es mejor un corte limpio
cuando abrimos la piel de la memoria.
Con un cristal partido,
                    el deseo
hace heridas más sucias.

La poesía eres tú,
un corte limpio,
una raya en el agua
—si es que el agua es razón de la existencia—,

la mujer que se deja seducir
para cortarle la cabeza a un rey.

LA POLÍTICA

Nunca he tenido barba. Ni siquiera en la foto
que contemplas ahora divertida,
el muchacho de ojos
llenos de impertinencia y contrariados,
con el jersey de cuello vuelto,
el pelo largo
y un cigarro dudoso, tal vez de marihuana.

Recién matriculados en la universidad,
todos éramos humo.
El humo de las aulas clandestinas,
el humo de los libros prestigiosos,
el humo de la noche y las hogueras
donde fuimos quemando
el misal, los temores,
costumbres todavía de posguerra,
inviernos y políticos
que a través de los años habían fermentado
su falta de color
en los televisores.

Era todo de humo

y crecía la barba igual que el optimismo.
Cuando el jardín se pudre
y un veneno más sucio que noviembre
inyecta su amarillo
en el silencio de la realidad,
las ciudades se duermen pensando en el futuro.
Así surgen extraños paraísos.

Como si fuera hoy,
como si todavía discutiésemos todos
al otro lado de la puerta,
recuerdo aquellos turnos de palabra,
la voz imperativa y la revolución,
un horizonte de palmeras,
en un cartel de Juan
pegado por la calle.
Ingenuidad, sin duda,
el humo de los seres impacientes,
pero también recuerdos de la piel,
la vida en marcha,
los besos desgarrados de la calle del Ángel
en un tiempo de grandes decisiones.
No quisimos cortar la juventud
para ponerla
como una flor
en un jarrón decente.
A veces es posible estar de acuerdo
con el mar y los bosques.

Nunca he tenido barba.

Tampoco he recibido la luz del paraíso,
pero vengo de allí, como tú vienes,
más por desprecio que por fe,
cansado del poder que nos humilla
y de los poderosos que sonríen,
del cuchillo simpático
y del amor en los desvanes,
de las lecciones sórdidas del miedo,
del fijador en las cabezas,
de la mirada fría
y de la soledad en las ciudades
que se duermen de gris y de ceniza
en busca de un extraño paraíso.

La misma historia
que besó las banderas para después llevárselas
me ha traído tu cuerpo.

Más por desprecio que por fe,
sigo en la puerta de la calle
sin que ahora me afecte
el vacío que dejan las banderas,
vivir en la completa incertidumbre.
A través de la historia de la gente,
de la barra de un bar
o las pantallas de los televisores,
bajo contigo al mundo.
Ninguno de los dos nos empeñamos
en llevar la contraria,
pero el realismo de los soñadores

nos condenó a dudar
de la gente de orden,
del corazón hambriento de los sentimentales,
de los explotadores en color
y de la inteligencia de los cínicos.

A veces es posible estar de acuerdo
con los claros del bosque,
sobre todo en los ojos de un muchacho
vivo de impertinencia,
con el jersey de cuello vuelto,
el pelo largo
y un futuro dudoso
en sus fotografías.

LA REALIDAD

Es la televisión
que suena al otro lado de la casa
con sigilo de imágenes prohibidas
la luz que me despierta y me toca en el hombro
y me lleva al colegio de la mano
el mundo con poleas
en un libro de ciencias naturales
calcopirita mica feldespato
las estampas sagradas o los remordimientos
unas sandalias en la orilla
una casa de mar el reloj solitario
con lentitud de siesta
el libro detenido
en la escena del crimen o del beso
el placer los pecados la mentira
ese barco que arde
y se hunde en un sueño y navega por otro
el arpón en la luna
la poesía
la casa de un poeta asesinado
el ciervo clandestino
en los otoños universitarios

asamblea París infraestructura
el corazón injusto
de los atardeceres
el amor el fracaso la victoria
la factura y el sol de los recuerdos
la ciudad corrompida en el cristal de un coche
mi hija en el teléfono
el muñeco de nieve que no he visto
plateado Madrid
las arañas veloces del futuro
salada claridad de los ordenadores
el mar bajo los dedos
la compañía antigua de un nuevo San Bernardo
mi dirección Granada
agua que no se oculta
                      y Almudena

así la realidad
sin puntos y sin comas
hecha piel y mezclada
por el tiempo en el fondo de los ojos

los alcoholes nocturnos
la historia que comprendo
lo que nunca comprendo de la historia

LA VEJEZ

En la cabaña de Sierra Nevada,
cuando cumplí los quince años,
me regaló mi abuelo su puñal,
la cabeza de lobo
con un baño de plata consumida,
y clavó mi estatura
en la pared del norte,
la que está junto al lago.

Uno setenta y cinco
y los ojos con vida por delante
y el corazón sin musgo,
en edad de crecer.

Recuerdo sus palabras de nieve deshaciéndose.
Con el sol de la tarde,
durante algunos años movedizos,
el reflejo sediento de aquel lobo de plata
bajaba hasta la orilla,
y mi abuelo,
que sostenía ya la vida con sus manos,
frágil como una caña de pescar,

hablaba del regreso,
hermanaba vejez y juventud,
encerraba el futuro en la memoria,
porque el tiempo es vereda de montaña
que sube hasta la cima
y nos deja caer del otro lado.

Cuando el musgo confunde un corazón
con la pared trasera de una casa,
cuando los ojos mueven una mirada líquida,
se doblan los caminos y volvemos
a la estatura de los quince años.

Por eso me detuve
en la cantina de los leñadores
el primer día que subimos
juntos a la cabaña
y compré este puñal,
otro lobo de plata,
con el que regalarte
la vieja herida en la pared trasera,
los límites del tiempo y de mi edad,
un pacto con la luz,
más entregada que la sangre.

Voy a bajar contigo
hasta el reflejo de mis quince años.
Perder altura sobre el agua fría
de los recuerdos y sus formas,
tendrá sentido,

porque en el lado seco de la luz
puede buscarse un soplo de calor,
un refugio en la nieve,
si las bocas descienden a la vez
y se apagan sin duelo
al ritmo de una historia y sus derivaciones.

Es imposible que la piel del lago
no guarde ni siquiera la marca de un reflejo.
No van los cuerpos a olvidarlo todo,
el tiempo compartido en dignidad,
las tormentas de octubre
y los deshielos de la primavera,
en un mundo común, largo y hablado.
No olvidarán tampoco
al hombre y la mujer de los secretos,
sus hoteles vividos en países nocturnos,
los paisajes domésticos
de una casa invadida,
las sombras públicas,
un naufragio de luz,
el equipaje abierto.

La manzana amarilla y marginada
mantiene su edad roja,
aquel escalofrío de la primera vez
en el último beso.

Será seguramente
como permanecer al pie del lago,

los rostros juntos,
en una de esas tardes infinitas
de las que nacen las estrellas,
mientras la noche hospitalaria
llega en forma de voz
y se acerca
         y nos dice:
                  venga,
vámonos de aquí.

AGRADECIMIENTOS

A Felipe Benítez Reyes, Ángel González, Ángeles Aguilera, Bienvenido Echevarría, Abelardo Linares, Eduardo Mendicutti, Luis Muñoz y (especialmente) Luis Antonio de Villena, porque sin ellos este libro no hubiese sido posible.